AF300482

LE DORMEUR ÉVEILLÉ,

OPÉRA-COMIQUE,

EN QUATRE ACTES,

EN VERS, MÊLÉ D'ARIETTES,

Représenté devant LEURS MAJESTÉS
à Fontainebleau.

DE L'IMPRIMERIE

De P. R. C. BALLARD, feul Imprimeur pour la Mufique de
la Chambre & Menus-Plaifirs du ROI, & de Monfeigneur
& Madame la Comtreffe D'ARTOIS.

M. DCC. LXXXIII.

Par exprès commandement de SA MAJESTÉ.

Les Paroles font de M. MARMONTEL.

La Mufique eft de M. PICCINI.

Les Ballets font de la compofition de
M. LAVAL, Maître des Ballets du Roi.

ACTE SECOND.

SULTANES.

La Dlle DE LIGNY.

Les Dlles Lafont, Prudhomme, Puisieux.
Les Dlles Courtois, Bigotini, Simon I.

ACTE TROISIEME.

ESCLAVES.

La Dlle GERVAIS.

Les Srs Giguet, Barré, Catler, Dossion.
Les Dlles Elisbert, Civille, Barré, Masson.

ESCLAVES NOIRES.

Les Dlles NANINE, SIMON.

BOSTANGIS.

Le Sr GARDEL c.

Les Srs Leger, Laval f., Duchaine.
Les Srs Abraham, Coindé, Lebel.

SULTANES.

La Dlle DORIVAL.

Les Dlles Lafont, Prudhomme, Puisieux.
Les Dlles Courtois, Bigotini, Simon I.

ICHOGLANS.

Les Srs VESTRIS, NIVELON, FRÉDÉRIC.
Les Srs Barré, Carter, Giguet, Dossion.

ACTEURS.

HAROUN ALRASCHID, *Calife déguisé en Marchand de Moussoul*,   Le Sr Menier.

HASSAN, *Bourgeois de Bagdad*,   Le Sr Clairval.

LE VISIR,   Le Sr Narbonne.

MESSOUR, *Chef des Eunuques*,   Le Sr Trial.

ROSE, *jeune Esclave d'HASSAN*,   La D^{me} Dugazon.

SABI, *Mere d'HASSAN*,   La D^{lle} Colombe.

L'IMAN,   Le Sr Rosiere.

QUATRE VIEILLARDS,
{ Le Sr Dufrenoy.
{ Le Sr Delaunay.
{ Le Sr Murgeon.
{ Le Sr Darius.

OSMIN,   Le Sr Dufrenoy.

LIBEK,   Le Sr Delaunay.

UN ESCLAVE D'HAROUN,   Le Sr Leclerc.

FEMMES ESCLAVES DU SERRAIL,
{ La D^{lle} Adélaïde.
{ La D^{lle} Rosalie.
{ La D^{lle} Lefevre I.
{ La D^{lle} Leclerc.
{ La D^{lle} Leger.

GRANDS DE LA COUR DU CALIFE.

ESCLAVES NOIRS DU SERRAIL DU CALIFE.

La Scene est à Bagdad, dans la maison d'Hassan, & dans le palais d'Haroun.

LE
DORMEUR ÉVEILLÉ,
OPÉRA-COMIQUE.

ACTE PREMIER.

Le Théatre représente un Salon à la Persane.

SCENE PREMIERE.

HAROUN, UN ESCLAVE.

HAROUN.

V A t'en dire au Visir qu'il ne soit point en peine,
Et qu'on retient ici le Calife à souper.
Mais, lorsqu'à petit bruit je voudrai m'échapper,
Que je trouve là bas quelqu'un qui me remmene.

A

Toi, reviens dans une heure, & fonge, en m'approchant,
Qu'ici ton Souverain n'eſt qu'un ſimple marchand.
   (L'Eſclave ſort.)
C'eſt un plaiſant tableau que la nature humaine !
Mais à la voir de près quand je veux m'amuſer,
     Adieu la grandeur ſouveraine :
En homme obſcur & ſimple il faut me déguiſer.

SCENE II.

HAROUN, HASSAN.

HASSAN.

PARDON, j'avois deux mots à dire.

HAROUN.

       Point de gêne.
Avec moi ſans façon vous pouvez en uſer.
Avouez cependant que nous donnons peut-être
Un exemple inoui de cordialité.
J'arrive dans Bagdad ; un homme, à ſa fenêtre,
Me voit, deſcend, m'invite à l'hoſpitalité ;
Je l'accepte ; & tous deux avant de nous connoître,
Nous voilà bons amis.

HASSAN.

       Hé bien, en vérité,
Depuis plus de deux ans je ne fais autre choſe.
Oui, chez moi, ſoit prudence ou ſingularité,
    Pour les gens connus porte cloſe ;
Et l'étranger qui paſſe eſt le ſeul invité.

HAROUN.

Quoi ! tous les jours un nouvel hôte !

HASSAN.

Tous les jours.

HAROUN.

Et jamais le même !

HASSAN.

Non jamais.

Se voir deux fois est une faute
Que j'ai bien résolu d'éviter désormais.

HAROUN.

Mais encor faut-il bien savoir qui l'on invite.

HASSAN.

Pourquoi ? Nous nous quittons si vite,
Que ce n'est pas la peine ; & , qui que nous soyons,
Pour la premiere fois puisque nous nous voyons,
Nous n'avons rien encore à démêler ensemble.
On ne reste chez moi qu'une nuit ou qu'un jour ;
C'est le vrai moyen, ce me semble,
Que deux hommes soient bien dans le même séjour.
Nous souperons gaiment ; nous boirons, en cachette,
De ces bons vins que le Prophete
Défend, pour les rendre meilleurs ;
Après cela bon soir : satisfaits l'un de l'autre,
Je retire demain mon enjeu, vous le vôtre,
Et vous cherchez fortune ailleurs.

HAROUN.

Où donc avez-vous pris cet étrange systême ?

A 2

LE DORMEUR ÉVEILLÉ,

HASSAN.

Où ? Dans l'expérience & dans la raison même.
Entre deux inconnus, chacun, de son côté,
Fait voir ce qu'il a de bonté.
Nul différent, point de querelle ;
Et cette rencontre a pour elle
Tout l'attrait de la nouveauté.
Au lieu que dans un long commerce,
Chacun devient plus négligent,
Chacun devient plus exigeant ;
L'humeur se fait sentir, le caractere perce,
En se connoissant mieux, on ne s'aime plus tant ;
L'intérêt vient à la traverse,
On se brouille, on s'aigrit, on s'en va mécontent.

HAROUN.

Mais l'amitié demande une longue habitude ;
Et c'est un si grand bien qu'une vieille amitié !

HASSAN.

Oui dà !

HAROUN.

Qu'en dites-vous ?

HASSAN.

Vous me faites pitié,

HAROUN.

Mais encor ?

HASSAN.

Vous voyez quelle est ma solitude ?
Apprenez que j'ai vu ce sallon plein d'amis,

Zélés, complaisants & soumis,
Tant que je leur fis bonne chere,
Une année, à mes frais, ils se ont divertis;
Ils m'ont cru ruiné; les voilà ous partis :
Ma maison leur est étrangere.
N'étions-nous pas bien assortis ?

AIR.

De l'amitié, qu'on dit si belle,
Les premiers jours sont les plus beaux.
Avec des convives nouveaux,
C'est tous les soirs fête nouvelle.
Jamais d'ingrats, nul infidele :
Tous mes amis sont sans défauts.

Si pour aimer on veut connoître ,
On perd son temps à n'aimer rien.
L'ami , passant sous ma fenêtre ,
Sera le mien, s'il veut bien l'être ,
Et pour un jour je suis le sien.

SCENE III.

ROSE, HAROUN, HASSAN.

HASSAN, *montrant Rose, qui met le couvert.*

TENEZ, voilà qui me console
De tous les ingrats que j'ai faits.
Mes soins l'ont élevée. Elle est vive, elle est folle ;
Mais elle ressent mes bienfaits.

ROSE, *après avoir mis le couvert.*

Allons, quand on voudra l'on peut se mettre à table.
Ah ! pour le coup, Seigneur Hassan,
Vous vous donnez un Hôte aimable.
Quel est ce jeune & beau Persan ?

HASSAN.

Un marchand de Moussoul : je l'ai pris au passage.

ROSE.

Beau marchand de Moussoul, vendez-vous des plumets,
Des gazes, des rubans ?

HAROUN.

Non, mais j'en ferai faire,
Belle esclave : nommez tout ce qui peut vous plaire ;
J'en aurai, je vous le promets.

ROSE.

Ces marchands sont polis !

HAROUN.

Je ne suis que sincere.

HASSAN.

Doucement, s'il vous plaît. Vous venez cajoler
Mon Esclave ?

ROSE.

Pourquoi l'empêcher de parler ?
Il s'en va demain.

HASSAN.

Je l'espere.

HAROUN, *à Rose*.

A mon regret, je n'aurai guere
Le plaisir d'être auprès de vous.

HASSAN.

Non, je vous en réponds. La petite coquette !
Comme elle lui fait les yeux doux !
Vous aimeriez donc la fleurette ?
On n'auroit qu'à laisser votre cœur voltiger.

ROSE.

Il n'iroit pas bien loin : il a pris une chaîne
Que l'on briseroit avec peine,
Quoique le poids en soit leger.
Mais vous connoissez ma folie :
J'aime à rire, j'aime à savoir
Que je plais, que l'on m'aime, & qu'on voudroit avoir
Une Esclave.....

HAROUN.

Auffi belle ?

ROSE.

Oh ! non !

HASSAN.

Auffi jolie.

ROSE.

Oui, je me crois jolie. En êtes-vous furpris ?
Et voulez-vous que j'oublie
Ce que vous m'avez appris ?

HASSAN.

Moi !

ROSE.

Vous-même. A mon oreille,
Vous avez dit mille fois,
Rofe n'a point fa pareille.
Je m'en fouviens.

HASSAN.

Je le crois.

ROSE.

Si le matin je m'éveille ,
(*Elle contrefait Haffan.*)
Je fuis brillante & vermeille
Comme l'étoile du jour ;
J'ai le tein d'une fleur ; j'ai le regard célefte !
Et le moyen qu'on foit modefte,
En s'appellant *Rofe d'amour ?*

HAROUN.

Rose d'amour ?

ROSE.

Hé oui, c'est le nom qu'il me donne,
Après cela Monsieur s'étonne
Qu'on ait un peu de vanité.

HASSAN.

Tu ne sais que trop bien, friponne,
Que je te dis la vérité.

ROSE.

AIR.

Comme un enfant je suis crédule,
Quand on me dit du bien de moi.
D'abuser de ma bonne foi,
Qui ne se feroit pas scrupule ?
Comme un enfant je suis crédule,
Quand on me dit du bien de moi.
D'un miroir la glace infidele
Peut me tromper, je le sais bien ;
Mais que vous me trompiez comme elle,
Seigneur Hassan, je n'en crois rien.

Comme un enfant , &c.

HASSAN.

Allez, petite folle, & sachez de ma mere
Si l'on nous fait bientôt souper.

ROSE.

La voici.

SCENE IV.

SABI, HAROUN, HASSAN, ROSE.

SABI.

PATIENCE: on ne tardera guere.

ROSE.

Et moi, de vous servir je m'en vais m'occuper.

(*Pendant la Scene suivante, ROSE, au fond du théâtre, fait servir le souper par les deux Esclaves d'HASSAN.*)

SCENE V.

HAROUN, HASSAN, SABI.

HAROUN.

TRIO.

AH ! la jolie enfant !
Je le dirai sans cesse.
Ah ! la jolie enfant !

SABI.

D'aimer sa gentillesse,
En vain l'on se défend;
Et nous disons sans cesse,
Ah ! la jolie enfant !

HAROUN.

Ah ! la jolie enfant !
C'est la mine la plus fine !

HASSAN.

Bon ! cen'eſt rien que ſa mine,
C'eſt la plus riante humeur !
Elle eſt vive, elle eſt badine,

SABI.

Et mutine avec douceur.

SABI ET HASSAN.

Sa bouche encore enfantine
Eſt l'organe de ſon cœur.

HAROUN.

La malice, dans ſa mine,
Se mêle avec la candeur.

SABI.

Cela danſe avec des graces !

HASSAN.

Cela chante à vous ravir.

SABI ET HASSAN.

Il ſemble voir le plaiſir
Qui voltige ſur ſes traces.
Cela chante ⎱
Cela danſe ⎰ avec des graces !
Cela chante ⎱
Cela danſe ⎰ à vous ravir.

HAROUN.

J'aurois peur à votre place
Qu'on ne vint me la ſaiſir.

HASSAN.

Qui donc auroit cette audace !

HAROUN

Le Calife ou son Visir.

HASSAN.

Je frémis de la menace.

SABI.

Je sens la peur qui me glace.

HAROUN.

J'aurois peur à votre place
Du Calife ou du Visir.

SABI ET HASSAN.

Ah ! pour nous quelle disgrace ,
S'ils en avoient le désir !

HASSAN.

Ma mere, éloignons ce présage ;
Et jouissons du moins, tant qu'on nous laisse en paix.
Le vin sera-t-il bon ?

SABI.

Oui, je l'ai mis au frais.

(*A Haroun.*)
Vous l'aimez, n'est-ce pas ?

HAROUN.

Je m'en permets l'usage,
Quoique d'ailleurs bon Musulman.

SABI.

N'allez pas nous trahir. Nous avons un Iman
Qui rode jour & nuit dans tout le voisinage.

AIR.

Trouble-fête eſt ſon métier :
A toute heure il nous déſole.
Je crois qu'il me rendra foile ;
C'eſt la peſte du quartier.
Que le ciel nous en délivre !
Avec lui l'on ne peut vivre ;
C'eſt la peſte du quartier.
　Sans ceſſe il furette ,
Sans ceſſe il nous guette ;
Au nom du Prophete ,
Toujours tracaſſant ,
Toujours menaçant.
　De nuire il fait gloire :
Jamais, à l'en croire ,
Rien n'eſt innocent.

HAROUN.

Le Calife ſait-il les chagrins qu'on vous cauſe ?

HASSAN.

Le Calife eſt trompé , vous le ſeriez à moins.
　L'Iman s'eſt donné pour témoins
　Des gens dont la barbe en impoſe.

SABI.

Ce ſont quatre vieillards auſſi fourbes que lui ,
　Et dont, pour médire d'autrui ,
　Jamais la langue ne repoſe.
Mon fils a dit cent fois que ſon plus grand deſir
Seroit d'être Calife un ſeul jour de ſa vie ,
　Pour les châtier à plaiſir.

HAROUN, *à part.*

Il en paſſera ſon envie.

J'ai dequoi l'aſſoupir ; & pourvu ſeulement,

Qu'animé par le vin, le ſoupé ſe prolonge,

Et qu'ici tête-à-tête on nous laiſſe un moment,

Je lui ferai faire un beau ſonge.

HASSAN.

Mettez-vous là, mon hôte, & Roſe auprès de vous,

(*à Roſe.*)

Mais ne vas pas encor lui faire les yeux doux.

(*à ſes deux Eſclaves.*)

Qu'on nous laiſſe.

(*Les Eſclaves ſe retirent.*)

HAROUN.

Fort bien !

SCENE VI.

HAROUN, HASSAN, ROSE, SABI,
à table.

HASSAN.

VOILA ce qui me reste
De vingt Esclaves que j'avois :
Car tout éveillé je rêvois.
Le malheur m'a rendu plus sage & plus modeste.

HAROUN.

Etiez-vous heureux ?

HASSAN.

      Point du tout,
J'étois dupe. J'avois des concerts de musique,
Je donnois des festins ; on m'appelloit par-tout
Hassan le libéral, Hassan le magnifique ;
Mais je me ruinois sans plaisir & sans goût.
  Laissons-là ma triste folie :
Je veux, pour l'oublier, boire à votre santé.
Et toi, Rose, dis nous quelque chanson jolie,
Où brille cette voix dont je suis enchanté.

ROSE.

AIR.

L'oiseau chérit le bocage
Qui protégea son berceau.
La fleur chérit le rivage

Où l'arrose un clair ruisseau.
Moins volage que l'oiseau,
Je cheris mon esclavage :
Je suis la fleur du rivage
Où serpente un clair ruisseau.

Lorsqu'on sert l'objet qu'on aime,
Ah ! qu'il est doux de servir !
Mon destin seroit le même,
Quand j'aurois à le choisir.
Le penchant fait le plaisir ;
Et dans une douce chaîne
  Rien ne gêne
  Le desir.

HASSAN.

J'entends du bruit ! quelqu'un viendroit-il, à cette heure,
Troubler la paix de ma demeure ?

SABI, avec frayeur.

C'est peut-être l'Iman.

ROSE, elle va voir.

C'est lui-même.

SCENE VII.

SCENE VII.

Les précédens, L'IMAN & *quatre* VIEILLARDS.

L'IMAN.

F o r t bien!
Ici, pour ses plaisirs on ne ménage rien.
(*Il apperçoit les bouteilles.*)
Du vin! du vin! j'en suis bien aise.

HASSAN.

Seigneur Iman, que voulez-vous?

L'IMAN.

Je vous y prends, j'en suis bien aise.

ROSE ET SABI (*à part.*)

Ils sont entrés comme filoux.

HASSAN.

Que venez-vous faire chez nous?

L'IMAN.

Je viens savoir, ne vous déplaise,
Ce qu'on y fait.

SABI ET ROSE.

Ne vous déplaise,
On y fait ce qu'on fait chez vous.

L'IMAN.

Du vin! du vin! j'en suis bien aise.

B

LES VIEILLARDS.

Pour ce forfait vous irez tous
Brûler dans la grande fournaise.

SABI.

Il faut pourtant que je l'appaise.

ROSE ET SABI.

Vous nous voyez à vos genoux.

L'IMAN ET LES VIEILLARDS.

Profanes ! du jus de la treille !

HAROUN ET HASSAN.

Nous n'avons bu qu'une bouteille.

L'IMAN, &c.

Après une offense pareille,
Du ciel redoutez le courroux.

HAROUN, HASSAN, ROSE ET SABI.

Buvez chacun votre bouteille,
Et du Ciel calmez le courroux.
Buvez chacun votre bouteille.

L'IMAN ET LES VIEILLARDS (bas.)

Nous la boirons chacun chez nous.

L'IMAN.

Demain vers le Calife
Nous vous dénonçons tous.

HASSAN.

Nous sommes sous sa griffe ;
Ma mere, filons doux.

SABI.

Il parle du Calife ;
Hélas, oui, filons doux.

L'IMAN.

Je ne veux rien entendre :
Le Ciel est en courroux.

LES VIEILLARDS.

Il ne faut rien entendre :
Le Ciel est en courroux.

SABI ET ROSE.

Il ne veut rien entendre :
Hélas ! c'est fait de nous.

HAROUN.

Messieurs, de grace, point d'esclandre.

L'IMAN ET LES VIEILLARDS.

Prenons ce vin, pour le répandre.

HAROUN.

Messieurs, de grace, entendons-nous.

(*Il donne de l'argent à l'Iman.*)

L'IMAN, *appaisé.*

Point de scandale, point d'esclandre ;
Car je suis bon, paisible & doux.
Mais, pour le vin, il faut le prendre.

LES VIEILLARDS.

Oui, pour le vin, il faut le prendre.

HASSAN, HAROUN, ROSE ET SABI.

Ah ! buvez-en, sans le répandre.

L'IMAN, &c. (*bas.*)

Nous le boirons chacun chez nous.
Gardons-nous bien de le répandre :
Nous le boirons chacun chez nous.

(*Ils s'en vont.*)

B 2

HASSAN, ROSE, SABI.

Hé quoi ! jamais de cette engeance
Le Ciel ne nous délivrera?

HASSAN.

Si j'en pouvois tirer vengeance ,
Ah! quel plaisir !

HAROUN.

Quelqu'un l'aura.

HAROUN, SABI, ROSE.

Bientôt peut-être arrivera
Cet heureux jour de la vengeance.

TOUS.

Ah! qu'elle fête on en fera!

SCENE VIII.

HAROUN, HASSAN, ROSE, SABI.

SABI.

Tenez, j'ai de leurs mains fauvé cette bouteille.

HASSAN.

J'en ai befoin pour m'appaifer.
Toi, Rofe, & vous, ma mere, allez vous repofer.

HAROUN, *à part.*

Enfin nous voilà feuls. Tout s'arrange à merveille.
(Haroun faifit ce moment, pour mettre dans le verre d'Haf-
fan d'une liqueur foporifique, & pour lui verfer à boire.)

SCENE IX.

HAROUN, HASSAN.

HAROUN.

Mon hôte, en vous verfant ce verre de ma main ;
Puis-je vous faire une demande ?

HASSAN.

Que de moi la chofe dépende,
J'y confens.

HAROUN.

Qu'avec vous je foupe encor demain.

B ;

HASSAN.

Vous dérangez mon plan, & cela n'est pas sage.
N'importe, encor demain, soit ; mais pas davantage.

HAROUN.

Oh ! non.

HASSAN.

Adieu. Bon soir. Ce breuvage divin
          Va me faire faire un bon somme. —
Ce scélérat d'Iman qui m'a volé mon vin ! —
     (*En baillant*)
Ah ! si j'étois Calife, il feroit beau voir comme
Ces gens-là . . . . je m'endors ; allez en faire autant.

HAROUN, *à son Esclave qui arrive.*

Ai-je là bas quelqu'un ?

L'ESCLAVE.

Oui, Seigneur, on t'attend.

HAROUN.

Allons, vîte, sans bruit qu'on enleve cet homme,
Et que dans mon palais on le porte à l'instant.

Fin du premier Acte.

ACTE II.

Le Théâtre repréſente un ſallon magnifique, au milieu duquel eſt un riche ſopha, avec un dais & des rideaux fermés.

SCENE PREMIERE.

ROSE, ſeule.

Ou ſuis-je? Au point du jour, tandis que je m'empreſſe
    A ſervir ma bonne Maîtreſſe,
A dix pas du logis, de la part du Viſir,
On m'arrête! — A ce nom, la peur vient me ſaiſir, —
    Tremblante, on m'enleve, on m'amene
    Dans un magnifique palais!
    Quelle eſt donc ma nouvelle chaîne?
Quoi! tout ce qui m'eſt cher m'eſt ravi pour jamais!
Bonne mere Sabi, quelle ſera ta peine!
    Et pour Haſſan quelle douleur,
    Lorſqu'il apprendra ſon malheur!

B 4

A I R.

Ne me crois pas infidelle :
Mon deſtin me fait la loi,
Mais ſi Roſe dépend d'elle,
Son cœur t'engage ſa foi
De ne vivre que pour toi.
Hélas ! envain je l'appelle :
Mon cher Haſſan, loin de moi,
Ne ſait rien de mon eſſroi,
Rien de ma douleur mortelle,
Rien du trouble où je me · ſi.

Ne me crois pas infidelle, &c.

SCENE II.

*Des Eſclaves préſentent à Roſe des corbeilles remplies
de toutes ſortes de parures.*

ROSE ET LES ESCLAVES.

UNE ESCLAVE.

BELLE Roſe d'amour, venez qu'on vous couronne.
La richeſſe vous environne.
Voici des diamants , des perles , des rubis ,
Des fleurs , des rubans , des ceintures,
Choiſiſſez entre ces habits
Les plus élégantes parures.

ROSE.

Je ne veux rien de tout cela.
Je veux ſavoir ce qui m'arrive ,
(*Elle parle des noirs.*)

Et de quel droit je tombe aux mains de ces gens-là.

MESSOUR.

Belle Rose d'amour : vous êtes un peu vive !
Ici l'on est soumise avec plus de douceur.

ROSE.

Je ne suis point soumise ; ici je suis captive ;
Et quelque soit mon maître, il n'est qu'un ravisseur.

MESSOUR.

Et si ce maître, qui vous aime,
Est le chef des croyans ?

ROSE.

Le Calife ?

MESSOUR.

Lui-même.

ROSE.

Non, il n'a pas permis cette infame noirceur.

MESSOUR.

Vous allez voir ce maître auguste.

ROSE.

Ah ! qu'il paroisse. On le dit juste,
On le dit même généreux ;
Et c'est à son insu qu'il fait des malheureux.

MESSOUR.

A I R.

Point de caprice,
S'il vous plaît.
Ici l'on est
Sous ma police.

Les *si*, les *mais*,
Les vains délais,
Haroun ne les entend jamais.

Vous aurez beau faire la mine.
On fait ici, ma belle enfant,
Réduire un cœur qui se mutine,
Qui se mutine & se défend.

Point de caprice, &c.

Silence ! il vient à nous.

SCENE III.

HAROUN, GIAFAR & *les précédents.*

HAROUN, (*à part.*)

Visir, prend ton air grave.

MESSOUR, *à Rose.*

Approchez, saluez, plus bas, encor plus bas.

HAROUN.

Est-ce-là ma nouvelle Esclave ?

ROSE (*les yeux baissés.*)

Votre Esclave, Seigneur ? Non, je ne le suis pas ;
Et vous êtes trop bon pour me forcer à l'être.

HAROUN.

En vous cédant à moi, croyez que votre maître
En sera bien payé.

ROSE.

Ce qu'on aime est sans prix.

HAROUN.

Quoi ! mes tréfors !...

ROSE.

Haffan les verra fans envie.

HAROUN.

De fa petite Rofe il eft donc bien épris ?

ROSE.

Il mourra de douleur fi je lui fuis ravie.
Je fais l'amufement, le charme de fa vie ;
    Dès qu'il me voit il eft content.
    Hélas ! par quelle fantaifie
    Le plus grand Seigneur de l'Afie
Vole-t-il une Efclave ? Il en a tant & tant !

HAROUN.

Rofe, la vérité commence à me déplaire.

ROSE.

    Elle vous déplait, je le croi ;
    Mais ne pouvez-vous, fans colere,
    Nous congédier elle & moi ?

HAROUN.

    Non, je vous retiens l'une & l'autre.
Mais il faut adoucir fon langage & le vôtre.
    N'oubliez pas cette leçon ;
Et d'abord, chantez-moi quelque aimable chanfon.

ROSE.

Je ne chante jamais que je ne fois contente.

HAROUN.

Vous chantez pour Haffan.

ROSE.

Tant qu'il veut.

HAROUN.

Et pour moi,

Vous ne chanteriez pas !

ROSE.

Vous me glacez d'effroi ;
Comment voulez-vous que je chante ?

HAROUN.

Ecoute, Rose, en se fâchant
Avec les Souverains on ne réussit guere.
Si tu veux me fléchir, crois moi, cherche à me plaire.
On obtient tout de moi par le charme du chant.

ROSE (*rassurée.*)

Ah ! je l'avois bien dit : vous n'êtes point méchant,
Et vous méritez qu'on vous aime.
(*Elle leve les yeux sur lui.*)
Ciel ! comme il ressemble au Marchand !
Si j'en croyois mes yeux, je dirois, c'est lui-même.

HAROUN.

Dis moi, Rose, un air bien touchant.

ROSE.

Si dans ces bois l'amant que j'aime
Vient faire entendre ses soupirs,
Dites-lui bien, tendres Zéphirs,
Que je soupire ici de même.
Plaintive Echo, dis lui toi-même
Et mes regrets & mes désirs.

(*A part.*) (C'est lui, c'est lui, tout me l'assure.

    Plus je le vois

    Plus j'en suis sûre.

Il a sa taille & sa figure ;

Il a son air, il a sa voix.)

HAROUN.

Allons, Rose, encore une fois.

ROSE.

Si dans ces bois, &c.

HAROUN.

Fort bien ! mais dans cet air vous avez fait, me semble,

De petits *à parté* qui ne vont point ensemble.

ROSE.

Hélas ! oui, j'ai l'esprit un peu préoccupé.

HAROUN.

Qu'est-ce qui vous distrait ?

ROSE.

    Seigneur, daignez m'apprendre

Si vous n'êtes pas lui, si mon œil s'est trompé ?

HAROUN.

  Qui, lui ?

ROSE.

    J'ai peur de me méprendre ;

Mais je crois le voir.

HAROUN.

    Qui ? Je ne puis vous comprendre.

ROSE.

Le Marchand de Moussoul, avec qui j'ai soupé. —

Ah! vous riez. Ceci n'eſt qu'un jeu. Je reſpire. —
    Et comment ai-je pu penſer
    Que le Seigneur d'un vaſte Empire
'A ravir une Eſclave eut voulu s'abaiſſer ?
    (*à genoux.*)
Qu'il me pardonne , hélas, d'avoir pu l'offenſer.

HAROUN.

La grace eſt accordée : elle vous eſt bien due !
Haſſan va vous revoir ; vous lui ſerez rendue .
Il veut être Calife ; il va l'être. Il eſt là,
Qui dort tranquillement.

ROSE.

    Lui, grand Dieu !

HAROUN , *levant le rideau.*

        Le voilà.

    Mais je veux que tout favoriſe
    L'étonnement & la ſurpriſe
    Que ſon réveil lui cauſera.

ROSE.

Ah! la tête lui tournera.

HAROUN.

Près du nouveau Calife on va vous introduire.
Mais, Roſe , gardez-vous de le déſabuſer.
De ſon illuſion je prétends m'amuſer.
Si vous aimez Haſſan , n'allez pas la détruire.
    Vos regrets ſeroient ſuperflus ;
Et ſi j'étois trahi, vous ne le verriez plus. —
Allez, Viſir , allez, achevez de l'inſtruire.
Et nous, derriere un voile, allons nous réjouir
Des ſpectacles divers dont on va l'éblouir.

SCENE IV.

HASSAN *sur le sopha*, TROUPE D'ESCLAVES.

CHŒUR DE FEMMES.

QUE le sommeil le dédommage
Du temps qu'il vole à ses plaisirs ;
Que tous ses songes soient l'image
De ce qui flatte ses désirs ;
Qu'ils lui retracent notre hommage ;
Qu'ils lui répètent nos soupirs.

HASSAN.

L'agréable sommeil que le vin nous procure !
J'ai dormi tout d'un trait ; je n'ai pas sourcillé.
Mais que vois-je à travers cette lueur obscure ? —
Bon ! je rêve, je dors, & me crois éveillé. —
Mais non, je ne dors point ; j'entrevois la lumiere.
Tout me semble nouveau, tout est changé céans.
Osmin ! Libec ! — les fainéants ! —
Rose dans la maison s'éveille la premiere ;
Rose !.. ô ciel ! je me vois dans un sallon doré,
Sur un riche sopha, d'Esclaves entourré !
Où suis-je donc ? Rose ! ma mere !
Aurois-je l'esprit égaré ? ...
(*Il voit à côté de lui, sur un tabouret, le bonnet du Calife.*)
Le turban du Calife ! hé ! voilà ma chimere.
Je l'ai souhaité si souvent,
Que je crois l'avoir en rêvant.
(*Il retombe sur le sopha.*)

GRAND CHŒUR.

O toi que l'Orient adore ,
Parois au lever du soleil.
Ton regne à son cours est pareil ,
Par tous les biens qu'il fait éclore.
Le plaisir attend ton réveil
Comme la fleur attend l'aurore.
O toi que l'Orient adore ,
Parois au lever du soleil.

(Danse des Femmes.)

HASSAN.

Approchez. Les jolis mensonges !
Je crois du paradis voir les félicités.
Mesdames , dites-moi , n'êtes-vous que des songes ?
On vous prendroit si bien pour des réalités !

MESSOUR.

Commandeur des croyans , tes Ministres attendent.

HASSAN (*il se leve.*)

Hé bien ? Qu'est-ce qu'ils me demandent ?

MESSOUR.

Des loix, pour régir tes Etats.

HASSAN.

Et toi , que me veux-tu ? Je ne te connois pas.

MESSOUR (*prosterné.*)

Ton esclave Messour , si fidele à son maître ,
Auroit-il mérité de s'en voir méconnoître ?
Est-ce-là le prix de sa foi ?

HASSAN.

HASSAN.

Tu me fais pitié. Leve toi.
Mais écoute. Il est sûr que je suis un bon homme,
Un bourgeois de Bagdad. C'est Hassan qu'on me nomme.
N'est-il pas vrai qu'ici l'on se moque de moi ?

MESSOUR.

Seigneur, quel mauvais songe a troublé ta pensée,
Pour nous attribuer cette audace insensée ?
Nous sommes tremblants sous ta loi.

HASSAN.

Mais, si ce n'est pas un délire,
Voyons, qu'est-il donc arrivé ?
Sur le trône, en dormant, viens-je d'être élevé ?
Tout cela me confond. J'en reviens à mon dire :
Je suis fou.— Qui ! moi, fou ! non certe, il n'en est rien!
Je pense & raisonne fort bien.

MESSOUR

Commandeur des croyans, hâte-toi, le temps passe.

HASSAN.

Hé bien ? que veux-tu que j'y fasse ?
Je rappelle mes sens autant que je le puis.
Je veux pourtant savoir qui je suis, où je suis.

A I R.

Ah ! ma tête m'abandonne.
J'ai dans le creux du cerveau
Comme un essaim qui bourdonne.
Ah ! quel supplice nouveau !

C

Non , je ne tarderai guere
D'être à la maison des fous.
Toi, ma Rose , & vous, ma mere ,
Pour soulager ma misere ,
Quelquefois y viendrez-vous?

Ah ! ma tête , &c.

MESSOUR.

Contre ces vapeurs-là, tu sais qu'on te conseille
L'usage du café.

HASSAN.

Du café ? J'y consens.

MESSOUR (aux Esclaves.)

Le café.

HASSAN.

Sa liqueur me réjouit les sens ,
Et son doux parfum me réveille.
(à part.)
Jamais je ne fus mieux servi;
Et de cette métamorphose
Quelque Démon qui soit la cause,
En vérité j'en suis ravi.

SCENE V.

HASSAN, ROSE, &c.

Des Esclaves, portant un plateau sur lequel sont les coupes, précedent Rose, qui se présente pour verser le café.

HASSAN.

Rose ! ma Rose ! ô ciel ! ô ma pauvre cervelle !

ROSE (*la cafetiere à la main.*)

Seigneur, m'accordez-vous l'honneur de vous verser !..

HASSAN.

Rose dans le serrail ! Ah ! petite infidele !
De quel trait déchirant venez-vous me percer ?

ROSE.

Seigneur, à vos genoux vous me voyez tremblante.
Quel mal ai-je donc fait ?

HASSAN.

Qui vous amene ici ?

ROSE.

J'y sers le plus grand Roi du monde.

HASSAN.

Et c'est ainsi
Que vous trompez Hassan ?

ROSE.

Haſſan ! moi !

HASSAN (à part.)

L'inſolente !
On ne me connoît plus tant je ſuis traveſti.
(A Roſe.)
A votre enlevement avez-vous conſenti ?

ROSE.

Moi ! l'on ne m'a point enlevée :
Ici, dès le berceau, par vos ſoins élevée ....

HASSAN.

Ici ? Dès le berceau ? Vous en avez menti.

ROSE.

Hélas ! que je ſuis malheureuſe !
Je ne puis dire un mot qui n'offenſe mon Roi.

HASSAN.

Roſe, ne pleure pas, leve les yeux ſur moi,
Et ne méconnois plus la bonté généreuſe
De ce fidele Haſſan, qui ne vit que pour toi.

ROSE.

Quel eſt-il cet Haſſan ?

HASSAN.

Moi, perfide, moi-même.
Regarde. C'eſt lui. Le voilà.

ROSE.

Rien n'empêche en effet votre grandeur ſuprême ,
Si tel eſt ſon plaiſir, de prendre ce nom-là.

HASSAN, *confondu.*

Hé bien ? Que répondre à cela ?

ROSE.

Seigneur, je vous révere autant que je vous aime.
Mais si j'ose en secret vous parler sans détour . . . .

HASSAN.

Oui, parle, je t'en prie, au nom de mon amour.

ROSE.

Vous le permettez ?

HASSAN.

Je l'exige.
Ne me déguise rien. Je connois ta candeur.
(*A part.*)
Elle va donc enfin m'expliquer ce prodige.

ROSE.

Hé bien, s'il faut le dire . . .

HASSAN.

Oui, dis tout.

ROSE.

Sa grandeur,
Aujourd'hui, s'est levée avec un peu d'humeur.

HASSAN.

Ce n'est point de l'humeur, Rose ; c'est du vertige.

ROSE.

Seigneur, qu'est devenu cet aimable enjoument ?
Hier encore, à souper, vous étiez si charmant !

C 3

HASSAN.

Tu me reconnois donc ? Il est donc véritable
Qu'ensemble, hier, chez moi, nous soupâmes encor ?

ROSE.

Et le puis-je oublier ce souper délectable,
Ce sallon, ces lambris semés d'azur & d'or,
Ces vases, ces cristaux, ce luxe inimitable ?

HASSAN.

Où diable a-t-elle pris ce festin somptueux ?

ROSE.

Que le concert fut beau ! Quels chants voluptueux ?
Que la danse ajoutoit au plaisir de la table !
Hélas ! de tous les Rois je vis le plus aimable ;
Je croyois voir le plus heureux.

HASSAN.

DUO.

Mais, dis-moi, ma rose, es-tu folle ?

ROSE.

Oui, je le suis de mon bonheur.

HASSAN.

Quoi ! je suis Calife ?

ROSE.

Ah ! Seigneur ?
En doutez-vous !

HASSAN.

Sur mon honneur,
Je me crois fou, je te crois folle.

ROSE.

Hé , oui, Seigneur, oui, je suis folle ;
Mais je le suis de mon bonheur.

HASSAN.

Ho, ça, donne-moi ta parole
Que je suis Calife.

ROSE.

Ah ! Seigneur ,
En doutez-vous ?

HASSAN.

N'es-tu pas folle !

ROSE.

Oui, je suis folle.

HASSAN.

Ah ! chere idole
De mon cœur !

ROSE.

Oui, chere idole
De mon cœur

HASSAN.

Ah ! j'ai bien peur
Qu'il ne s'envole ,
Ce songe qui fait mon bonheur !

ROSE.

Je n'ai pas peur
Qu'on me la vole,
La chaîne qui fait mon bonheur.

HASSAN.

Ah ! j'ai bien peur

Qu'il ne s'envole,

Ce songe , &c.

ROSE.

Je n'ai pas peur,
Qu'on me la vole ,

La chaine , &c.

MESSOUR.

J'avertis mon souverain maître
Que son café se refroidit.

HASSAN.

Rose , verse-le moi. Que je suis interdit !

(*Il prend son café.*)

Mais enfin me voilà ce que je voulois être ;
Il n'importe comment. Le Ciel fait ce qu'il veut.
S'il veut faire un Calife ,on sait bien qu'il le peut.

SCENE VI.

Un Trône prend la place du sopha.

GIAFAR.

SEIGNEUR, il est temps de paroître.
Placez-vous sur ce trône.

(*Il lui met sur la tête le bonnet du Calife.*)

HASSAN, *à part.*

Allons. Un trône à moi !
Ce que c'est que l'étoile ! Hassan prends garde à toi ;
Et ne va pas te méconnoître.

SCENE VII.

La cour & le Conseil du Calife, les précédents.

GIAFAR.

AIR.

DE Mahomet voilà le successeur :
Prosternez-vous en sa présence.
Il tient le glaive & la balance.
Du foible il est le défenseur ;
Il est l'appui de l'innocence.
De Mahomet voilà le successeur.
Il va parler ; faites-silence.

HASSAN, *sur le trône.*

Tâchons de parler comme un Roi.
J'entends qu'on vive sous ma loi,

Exempt de trouble & de dommage ;
Qu'on soit juste & de bonne foi,
Secourable, indulgent & sage.
Plus de procès, plus de chagrin :
Je veux par-tout, sur mon passage,
Voir à mon peuple un front serein ;
Car la joie est, sur son visage,
Le vrai signe du bon usage
Qu'on fait du pouvoir souverain.

Je parlerois jusqu'à demain ;
Je n'en dirois pas davantage.
(Les grands se retirent ; les gens de loix restent.)

SCENE VIII.

GIAFAR, les Gens de Loix, HASSAN.

GIAFAR.

SA grandeur aujourd'hui n'a-t-elle pas encor,
Dans la Police ou la Finance,
Quelque chose à prescrire, ou peine ou récompense ?

HASSAN.

A la mere Sabi dix mille pieces d'or.

GIAFAR.

Seigneur, cette somme est immense :
Dix mille pieces d'or !

HASSAN.

Je n'en rabattrai rien.
C'est une bonne femme, & je lui veux du bien.

GIAFAR.

Son fils a fait, dit-on, la plus folle dépense.

HASSAN.

C'est l'Iman Abazoul qui vous a dit cela.
Il faut punir ce fripon-là.
A l'Iman Abazoul cinquante coups de gaule,
Autant à ses quatre témoins ;
Et qu'ils soient promenés, cet écrit sur l'épaule :
« Qu'à bien vivre chez soi chacun borne ses soins »:
Visir, que sur le champ, l'or, les coups d'étriviere,
Tout soit distribué, tout soit payé comptant.
Je veux être obéi, je veux l'être à l'instant.
Un Roi ne doit jamais rien laisser en arriere.
Attendez. L'Iman Abazoul
Me faisoit oublier le Marchand de Moussoul.
A souper aujourd'hui je l'invite à ma table.
Il s'appelle Coreb. Allons, voilà, je croi,
Mes États bien réglés. Le reste va de soi.

GIAFAR.

Le Conseil n'est pas long, mais il est équitable.

MESSOUR.

Sa Grandeur est servie.

HASSAN.

Après avoir régné,
Que le dîner soit bon ; je l'aurai bien gagné.
(Marche.)

SCENE IX.

Le Théâtre change & repréfente le Sallon des fruits
& des liqueurs.

HAROUN, ROSE.

HAROUN.

JE n'ai jamais goûté de plaifir plus fenfible.
Rofe, tu m'as fervi par-delà mes fouhaits.

ROSE.

Seigneur, à chaque inftant je me défavouois :
Tromper ce que l'on aime eft un art trop pénible.

HAROUN.

Tu fais fon bonheur & le tien,
Ma Rofe : il faut pourfuivre.

ROSE.

Il ne m'eft pas poffible.

HAROUN.

Courage. Encore un jour.

ROSE.

Allons, je le veux bien.

SCENE X.

GIAFAR, HAROUN, ROSE.
GIAFAR.

Aux plaisirs du dîner le voilà qui se livre.
Ces lambris rayonnants, ces vases précieux,
Ces doux concerts de voix, ces mets délicieux,
De joie & de bonheur à l'envi tout l'enivre.
Il est sur-tout ravi de ces jeunes beautés,
L'éventail à la main, jouant à ses côtés.

ROSE.

Fort bien ! sans un serrail il ne pourra plus vivre.
Voilà, Seigneur, voilà ce que vous me coûtez.

AIR.

Il m'oublie ! ah ! l'infidele !
Rose n'est plus ses amours.
Il juroit de n'aimer qu'elle,
Il le juroit tous les jours.
Il se flatte, l'infidele,
De voler de belle en belle ;
Il ne songe plus à celle
Qui l'auroit aimé toujours.
Ah ! le dépit me suffoque ;
Je veux, je veux le punir.
Son triomphe va finir ;
Il verra que l'on s'en moque.
Ah, le dépit me suffoque ;
Je veux, je veux le punir.
Il m'oublie ! ah ! l'infidele, &c.

HAROUN.

Rose, il n'a point encore fait de choix qui vous blesse.
Nous allons jusqu'au bout éprouver sa foiblesse,
Et voir dans le serrail ce qu'il aime le mieux.

ROSE.

Votre serrail m'est odieux.

SCENE XI.

HASSAN, *TROUPE DE FEMMES*, qui
lui présentent des fruits & des liqueurs.

(*Danse.*)

HASSAN A MESSOUR.

JE voudrois bien savoir tous les noms de ces Dames.

La premiere.

Je m'appelle Bouquet de fleurs.

La seconde.

Et moi Taille de cedre.

La troisieme.

Et moi Chaine des cœurs.

HASSAN, *à la quatrieme.*

Et vous ?

La quatrieme.

Aube du jour.

HASSAN, *à la cinquieme.*

Vous ?

La cinquieme.

Délices des ames.

HASSAN.

Je les regarde , & tour-à-tour
Chacune à mes yeux paroît belle ;
Mais celle à qui je sens que mon cœur est fidele ,
C'est encor ma Rose d'amour.
Les autres me plairont ; mais je n'aimerai qu'elle.

MESSOUR, *remet une coupe à Rose.*

Belle Rose d'amour , cette aimable liqueur,
Par vos mains présentée en aura plus de charmes.
(*bas.*)
Vous verrez à vos pieds tomber votre vainqueur ,
Je vous en avertis. N'en prenez point d'alarmes.

HASSAN, *reçoit la coupe des mains de Rose.*

Viens, les délices de mon cœur ,
C'est à toi que je rends les armes.
(*Il boit , le Ballet reprend , & Hassan s'assoupit.*)

ROSE, *le voyant tomber entre les bras des Femmes.*

O Ciel !

MESSOUR.

Ne craignez rien, ce sommeil passager
Est pour lui sans douleur, comme il est sans danger.

Fin du second Acte.

ACTE III.

ACTE III.

Le Théatre change & représente l'antichambre
de l'appartement d'Hassan, dans sa maison.

SCENE PREMIERE.

OSMIN, LIBEK, DEUX ESCLAVES DU CALIFE.

(Les deux Esclaves du Calife portent une cassette à
deux anses, & la posent sur une table.)

OSMIN.

COMMENT! c'est de l'or!

L'UN DES ESCLAVES.

Oui, c'est de l'or.

OSMIN.

Quelle joie !

Et c'est à la mere Sabi
Que le bon Calife l'envoie!

L'ESCLAVE.

Tu sais lire ?

OSMIN.

Oui vraiment je sais lire.

D

L'ESCLAVE.

Hé bien, li.

OSMIN.

Subi, mere d'Haſſen ! c'eſt bien là ſon adreſſe.

L'ESCLAVE.

Allez donc tous les deux chercher votre maîtreſſe.

(Oſmin & Libek ſortent.)

SCENE II.

ROSE ET LES ESCLAVES.

ROSE, *entrant par le fond du Théatre, ſuivie de deux autres Eſclaves du Calife.*

LE voilà dépoſé dans ſon appartement.
Eloignez-vous en diligence.

(Les Eſclaves ſe retirent.)

SCENE III.

ROSE, *seule.*

PARDONNE, Haſſan. Pour toi je me fais violence.
Ta fortune eſt le prix de mon déguiſement.
Mais depuis ce matin Sabi ne m'a point vue.
Elle va me gronder. Que lui dire ? & comment
    Lui cacher mon enlévement ?

SCENE IV.

SABI, ROSE.

S A B I, *ſans appercevoir Roſe.*

QUELLE foule, bon Dieu ! je m'y croyois perdue.
A ce ſpectacle-là me ſerois-je attendue !
    Quand ces malheureux ont paru,
    Comme tout le peuple a couru !
Les voilà bien punis ! que le Ciel les conſole.
    Quel exemple ! & qui l'auroit cru ?
Puiſſent tous les méchants s'inſtruire à cette école.
(*Elle apperçoit Roſe.*)
    Ah ! vous voilà petite folle ?
Hé bien, qu'avez-vous fait du matin juſqu'au ſoir ?
Je ne vous ai pas vue.

D 2

ROSE.

Il falloit pour me voir,
Être un peu plus chez vous, & moins à la mosquée.
J'ai fait ce que chacun faisoit ;
J'ai vu passer l'Iman. Ah ! comme on s'amusoit
De voir l'hypocrisie à la fin démasquée !

SABI.

C'est ton maître, c'est lui, je croi,
Qui s'est bien diverti.

ROSE.

Diverti ? comme un Roi.

SCENE V.

OSMIN, LIBEK, SABI, ROSE.

OSMIN.

QUE sont-ils devenus ? — Ah! vous voilà, maîtresse ?
Avez-vous vu les gens du Calife ?

SABI.

Moi ? non.

OSMIN.

Et de cette cassette avez-vous lu l'adresse ?

SABI, *lisant.*

Sabi, mere d'Hassan. Et que fait là mon nom ?

OSMIN.

Cela vient du Calife ; & dans cette cassette
Vous trouverez de l'or.

SABI.

De l'or !

ROSE.

Sur l'étiquette,
Il sembleroit que c'est un don.

SABI.

Un don ! à moi ! voyons, car cela m'inquiete.

(ROSE *ouvre la cassette, y trouve un papier, & lit.*)

» Le Calife à Sabi : dix mille pieces d'or.
» Ce n'est qu'un premier don ; il fera mieux encor «.

D 3

S A B I.

Dix mille pieces d'or !

R O S E.

La caffette en eft pleine.
Ah, bonne mere ! quelle aubaine !

S A B I.

A i r.

Moi ! fi riche en un moment !
Mais c'eft comme une merveille.
Le bien me vient en dormant.
De ma vie, affurément,
Je n ai vu fomme pareille.
J'en fuis d'un étonnement
Que je doute fi je veille.
Le bien me vient en dormant.
Si j'étois jeune & jolie,
Je dirois, je fais pourquoi.
A quinze ans, l'on eût pour moi
Fait peut-être une folie.
Mais à l'âge où me voilà,
Que veut dire ce don-là !

L'adreffe eft pourtant claire & n'a rien d'équivoque.
Je fuis mere d'Hallan, je m'appelle Sabi.
Qu'il va lui-même être ébaubi !
Il aura beau le voir, il croira qu'on fe moque.
Qu'il tarde à revenir ! où donc eft-il allé ?

O S M I N.

Je n'en fais rien.

S A B I, *à Libek.*

Et toi, n'as-tu pas vu ton maître ?

LIBEK.

Non, car il est sorti sans avoir appellé.

ROSE.

Le Marchand de Moussoul l'a retenu peut-être.

SABI.

Va, songe à leur soupé. --- Moi, j'ai tant de plaisir,
Qu'en vérité j'ai peur d'en perdre la cervelle.

(*Rose sort*)

____

SCENE VI.

HASSAN, SABI, OSMIN, LIBEK.

HASSAN, *avant de paroître.*

Esclaves!

SABI.

C'est mon fils.

HASSAN.

Rose! Rose!

OSMIN.

Il appelle.

HASSAN.

Chef des Eunuques noirs!

LIBEK, *à part.*

Il est ivre.

HASSAN, *ouvrant les portes.*

Visir!....;

(*Avec étonnement*).
Je suis chez moi!

D 4

SABI.

Venez, mon fils. Bonne nouvelle!

HASSAN, *étourdi.*

Quoi, ma mere! c'est vous!

SABI.

C'est moi-même.

HASSAN.

Oui, c'est elle.

Et Rose?

SABI.

Il ne paroit éveillé qu'à demi.

HASSAN.

Rose!

SADI.

Elle est là.

HASSAN.

Comment, elle est là?   qu'elle vienne.
(*Libek va chercher Rose.*)
Ah! quelle surprise est la mienne!

SABI.

Quoi! depuis hier au soir, est-ce qu'il a dormi?

HASSAN.

Quelle heure est-il?

SABI.

Mais, mon ami,
Il sera bientôt nuit obscure.

HASSAN.

Ah! quel songe! ou plutôt quelle étrange aventure!

SABI.

Es-tu malade ?

HASSAN.

Non.

SABI.

Mais un si long sommeil ?....

HASSAN.

Un sommeil ! ah ! dans la nature
Il n'en fut jamais de pareil.

SABI.

Et jamais il ne fut de plus heureux réveil.
Tiens.   (*Elle veut lui montrer la caffette.*)

HASSAN (*fans écouter fa mere.*)

Je fuis hors de moi. Vous favez mon envie,
D'être Calife un jour, un feul jour de ma vie,
Pour châtier l'Iman & fes quatre barbons ?...

SABI.

Hé bien, mon fils, le Ciel entend les vœux des bons;
Les tiens font exaucés : l'Iman, à ta priere,
A reçu cent coups d'étriviere.

HASSAN.

L'Iman !

SABI.

Et fes quatre témoins.

HASSAN.

On les a promenés ?

SABI.

Oui, trois heures au moins,
Avec cet écrit par-derriere :
Qu'à bien vivre chez foi chacun borne fes foins.

HASSAN.

Juftement, & voilà, mot à mot, la fentence,
Qu'au Vifir ce matin moi-même je dictois.

SABI.

C'eft l'arrêt du Calife.

HASSAN.

Oui, c'eft moi qui l'étois.

SABI.

Mon fils, laiffons cela. L'Iman fait pénitence ;
Et moi, j'obtiens du Ciel la plus rare faveur.
Apprends ce qui m'arrive, & partage ma joie.
Voilà ce qu'aujourd'hui le Calife m'envoie.

HASSAN.

Hé bien, fuis-je encore un rêveur ?
Dix mille pieces d'or, n'eft-ce pas ?

SABI.

J'ai bien peur
Que ce ne foit une méprife !

HASSAN, *froidement.*

Non, ce n'en eft pas une.

SABI.

Et tu vois fans furprife
Que cet or foit à moi !

HASSAN.

J'en ferois étonné,
Si ce n'étoit pas moi qui vous l'avois donné.

SABI.

Toi!

HASSAN.

Moi-même. En douter feroit être imbécille.
L'Iman promené par la Ville,
Les dix mille fequins envoyés en effet,
Tout s'accorde. Je fuis Calife, c'eft un fait.

SABI.

Ah ! mon fils ! quel mauvais Génie
A pu vous troubler le cerveau ?

HASSAN.

Par la barbe d'Ali, voici bien du nouveau!
Comment! ce que j'ai fait, c'eft à moi qu'on le nie!
Je vous foutiens qu'à mon réveil,
On m'eft venu preffer de tenir mon Confeil.
Oui, fur mon Trône affis, j'ai régné, je m'en vante;
Et comme je voulois que vous fuffiez contente,
Je vous ai fait donner dix mille pieces d'or.
Rien n'eft plus pofitif, rien n'eft plus manifefte;
Et fi vous en doutez encor,
(*Montrant Rofe qui arrive.*)
Tenez, voilà qui vous l'attefte.

SCENE VII.

ROSE, *& les précédens.*

HASSAN.

VIENS, Rose, & dis de bonne foi :
Suis-je Calife ou non ?

ROSE.

Vous, Calife ! ah ! mon maître !
Vous êtes bien digne de l'être.

HASSAN.

Mais le suis-je ?

ROSE.

Tout comme moi.

HASSAN.

Encor ? vas-tu me méconnoître ?

ROSE.

Et le puis-je ?

HASSAN.

Hé bien, dis, ne m'as-tu pas trouvé
Dans un palais superbe, au milieu d'une fête ?

(*Rose éclate de rire.*)

SABI.

Hélas ! mon pauvre fils ! il a perdu la tête.

ROSE.

Que nous contez-vous là ?

HASSAN.

Ce qui m'est arrivé.

ROSE.

Et ne voyez-vous pas que vous l'avez rêvé ?

HASSAN.

Comment ! dans mon ferrail, entouré de mes femmes ;
Du bonnet de Calife on ne m'a pas coëffé ?
Ce n'eft pas de ta main que j'ai pris le café ?
Je n'ai pas dédaigné leurs amoureufes flammes ?
Et de tous leurs attraits tu n'as pas triomphé ?

ROSE.

Vous favez, n'eft-ce pas, jufqu'aux noms de ces Dames ?

HASSAN.

Oui, je les fais : *Bouquet de fleurs,*
    Aube du jour, Chaîne des cœurs,
Taille de cèdre.

SABI.

    Au nom d'une mere qui t'aime ,
Mon fils, reviens à toi , calme un peu tes efprits.

HASSAN, *à Rofe.*

Tu ne m'as donc pas vu dans ma grandeur fuprême ?

ROSE.

Hélas, non.

HASSAN, *triftement.*

    En ce cas, un fonge m'a furpris ;
Et je t'en crois plus que moi-même.
Ah ! pauvre Haffan ! plus de pouvoir ,
Plus de grandeur & plus d'empire.
Je m'en paffois hier au foir ;
    s'en déchoir, c'eft-là le pire.

Oui, fur un trône, on a beau dire,
C'eft un grand plaifir de s'affeoir.
Mais n'importe. Acceptons ce que le Ciel nous laiffe,
Sans regretter en vain ce qui m'eft échappé.
Rofe, aurons-nous un bon foupé?
Car au foin du ménage il faut que je m'abaiffe.

ROSE.

Vous fouperez comme un Sultan;
Vous trinquerez avec Rofette.
Elle dira la chanfonnette ;
Et vous ferez l'heureux Haffan.
N'eft-il pas vrai, bonne maman,
Que c'eft affez de la caffette
Pour faire un heureux Mufulman?

Vous fouperez, &c.

SCENE VIII.

HAROUN, *& les précédens.*

HAROUN.

Mon hôte, vous voyez un homme inconsolable.

HASSAN.

Que vous est-il donc arrivé ?

HAROUN.

Ce soir, d'un plaisir véritable,
Malgré moi, je serai privé.
A souper avec lui le Calife m'invite.

HASSAN.

Le Calife !

HAROUN.

Lui-même, & j'en suis tout confus.
Mais un pareil honneur ne veut point de refus ;
Et pour me dégager je suis venu bien vîte.

HASSAN, *transporté.*

Je le suis.

SABI.

D'où lui vient cette fougue subite ?

HASSAN.

Allez, mon hôte, allez, vous soupez avec moi.

HAROUN.

Mais à mon Souverain je fais ce que je doi.

HASSAN.

Hé bien , c'eſt moi qui vous acquitte ,
Et qui dans ſon palais aujourd'hui vous reçoi.

HAROUN.

Qui ? vous ! dans ſon palais !

HASSAN.

      Cela doit vous ſurprendre ;
Et moi , qui vous le dis , j'ai peine à le comprendre.
Mais il n'eſt pas moins vrai qu'au trône parvenu,
Du Marchand de Mouſſoul je me ſuis ſouvenu.

SABI, *à part.*

Ah ! faites ſemblant de le croire.
(Elle fait ſigne à Haroun que la tête d'Haſſan eſt détraquée).

HASSAN.

Vous ſouperez, vous dis-je , au milieu de ma gloire.

HAROUN.

C'eſt donc vous, qui de moi vous daignant occuper ?...

HASSAN.

Oui vraiment , c'eſt moi-même. Une tête ſenſée
  Peut-elle un moment s'y tromper ?
Et quel autre Calife auroit eu la penſée
  De vous inviter à ſouper ?

SEXTUOR.

Et qu'à préſent quelqu'un s'aviſe
De me nier ce que j'ai fait.
Je ſuis Calife , & c'eſt un fait.

SABI,

SABI, *défolée.*

Hélas ! eft-ce encore une crife ?
Mon fils ! mon cher fils ! ç'en eft fait.

ROSE, *à Haroun.*

N'eft-il pas temps que je lui dife ?...

HAROUN, *à Rofe.*

Non !

ROSE.

N'êtes-vous pas fatisfait ?

OSMIN.

Il aura bu. Voilà le fait.

LIBEK.

Voilà le fait.

HASSAN.

Quoiqu'on en dife,
Je m'en rirai ;
Je m'en irai ;
Dans mon palais je régnerai.

OSMIN.

C'eft le Marchand qui l'a fait boire.

LIBEK.

C'eft le Marchand : voilà l'hiftoire.

SABI.

Ah ! pauvre mere ! j'en mourrai.

HASSAN.

Ma Rofe, avec moi je t'emmene.
Je ferai Roi, tu fera Reine ;
Tout le ferail eft fous ta loi.

ROSE.

Ah! votre Efclave eft une Reine,
Si vous l'aimez de bonne foi.

SABI.

Haffan, foit touché de ma peine.
Mon cher Haffan, reviens à toi.

ROSE, *à Haroun.*

Voyez, Seigneur, voyez fa peine.

HAROUN, *à Rofe.*

Un fort heureux fuivra fa peine :
Je l'ai promis ; je te le doi.

OSMIN ET LIBEK.

Il aura bu : c'eft comme moi ;
Avec du vin je me fais Roi.

HASSAN.

Allons nous-en bien vite,
Allons dans mon palais.
Nous fouperons en paix.
C'eft moi qui vous invite.
Allons-nous-en bien vite,
Allons dans mon palais.

SABI.

Vous êtes fou.

HASSAN.

Non, je fuis fage.
Je me poffede & je me fens.

SABI.

Vous êtes fou.

HASSAN.

Non, je fuis fage.
Ma mere, on radote à votre âge ;
Mais moi, je fuis dans mon bon fens.

SABI.

Va, fils ingrat, mon radotage
Vaut mieux cent fois que ton bon sens.

ROSE, OSMIN, LIBEK.

Vos cris assemblent les passants.

HAROUN.

Il rentrera dans son bon sens.

HASSAN.

Laissez-moi.

SABI.

Non.

ROSE.

Je perds courage.

HASSAN.

Je veux régner.

SABI.

Tu te perdras.

HASSAN, *à Rose.*

Nous ferons ensemble un voyage.
Je veux parcourir mes Etats.

ROSE, *à Haroun.*

Je n'y tiens pas, je perds courage.

HAROUN, *à Rose.*

Tu vas détruire ton ouvrage.

SABI, *aux Esclaves.*

Hélas ! armez-vous de courage.
Il va s'échapper de mes bras.

HASSAN.

Ma Rose, avec moi tu viendras.

OSMIN ET LIBEK.

Il faut nous armer de courage.
Il va s'échapper de nos bras.

SABI.

Hélas! armez-vous de courage.

ROSE.

Je fens que je perds le courage.

HAROUN, *à Rofe.*

Tu le perdras.

SABI, *à Haffan.*

Tu te perdras.

HASSAN, *à Rofe.*

Tu me fuivras.

ROSE.

Je perds courage.

TOUS.

Il va s'échapper de nos bras ?

HASSAN.

Comment m'échapper de leurs bras ?

(Il tombe de fatigue.)

SABI, *à Haroun.*

De grace, empêchez qu'il ne forte.
Sauvez-moi la douleur de le voir enfermer.

HAROUN.

Eloignons-nous, gardons la porte,
Et laiffons-le un peu fe calmer.

(Ils fe retirent au fond du Théatre.)

HASSAN.

Ah! quel eft mon malheur! ou quelle eft ma démence!
Je me crois Calife! mais quoi?
Ne fuis-je pas Haffan ? ne fuis-je pas chez moi ?
Où donc eft mon palais ? où donc eft ma puiffance ?
Ma mere avoit raifon : j'étois fou. Je commence

'A reprendre un peu mon bon sens.
Et j'ai pu rebuter ma mere !
'A son amour si tendre, à sa douleur amere,
J'ai pu répondre, hélas ! par des mots offensants.
Homme dénaturé ! le Ciel dans sa colere
Punit les fils méconnoissants.

A I R.

Ah! je suis un misérable,
Moins coupable qu'insensé.
Mere tendre & secourable,
Fais que le Ciel offensé
Ne soit point inexorable.
Prends pitié d'un misérable,
Moins coupable qu'insensé.

Mes amis, revenez : je suis plus raisonnable.

S A B I.

Mon fils, est-il bien vrai ?

H A S S A N.

Je me suis oublié ;
Ma mere; à vos genoux je tombe humilié.
Pardonnez un délire , hélas! bien pardonnable.

S A B I, *l'embrassant.*

'Ah ! je suis mere.

H A R O U N.

Allons, je vois avec plaisir
Qu'il est plus tranquille & plus sage.
Mais il a dans la tête encor quelque nuage ,
Et c'est à moi de l'éclaircir.

E 3

SABI.

Comment ?

HAROUN.

J'ai de l'accès au palais du Visir ;
Nous pourrons le voir.

HASSAN.

Bon ! voilà qui me soulage.
Nous saurons du Visir si j'ai pu me tromper.
Mais je vous retiens à souper.

HAROUN.

Et le Calife ?

HASSAN.

Encor ! faut-il vous le redire ?
Le Calife, c'est moi.

SABI.

Mon fils a voulu rire.

HASSAN.

Non. Mais en attendant que tout soit éclairci,
Allons nous livrer, sans souci,
A l'aimable gaîté que Rose nous inspire.

ENSEMBLE.

Vivons au gré du destin.
Si c'est un songe que la vie,
Rêvons gaiment jusqu'à la fin.
C'est un sommeil digne d'envie.
La bonne chere & le bon vin
Ne font jamais un songe vain.

Fin du troisieme Acte.

ACTE IV.

Le Théatre repréfente d'un côté le palais du Calife ; de l'autre, celui du Vifir ; au fond, un pavillon qui fait partie du palais du Calife.

SCENE PREMIERE.

HAROUN, HASSAN.

HAROUN, *en marchand.*

Tenons-nous là. Bientôt le Vifir va paroître.

HASSAN.

Nous allons voir. Deux mots vont nous mettre d'accord.

HAROUN.

Si vous êtes Calife, il doit vous reconnoître.

HASSAN.

S'il ne me connoît pas, tout eft dit, j'avois tort.

SCENE II.

HAROUN, HASSAN, Chœur d'Esclaves,
dans l'intérieur du Serrail.

CHŒUR

Qu'est devenu notre bon maître ?
Où donc a-t-il passé la nuit ?

HAROUN.

Dans le serrail j'entends du bruit.

HASSAN.

Et ne voyez-vous pas ce que cela peut être ?
On me cherche, on me croit perdu.

SCENE III.

HAROUN, GIAFAR, HASSAN.

GIAFAR, *à Hassan.*

Ah, Seigneur ! est-ce vous que le ciel nous renvoie ?
Venez au serrail éperdu
Rendre le repos & la joie.

HASSAN, *à Haroun.*

Hé bien ? suis-je Calife ?

HAROUN.

Oui : j'en suis confondu.

HASSAN.

'Allez, Mon chere Careb, allez dire à ma mere
  Ce que vous avez entendu. —
Nous, allons, s'il se peut, débrouiller ce mystere.—
Encore un mot. Restez quelque-temps parmi nous.
  Je veux (car ceci me tracasse)
Choisir un peu les gens que je dois mettre en place ;
Et je ferai, je crois, quelque chose de vous.
(*Il entre dans le serrail avec Giafar.*)

SCENE IV.

HAROUN, ROSE.

HAROUN.

Rose, dans nos filets il s'engage lui-même.

ROSE.

Me ferez-vous encor désoler ce que j'aime ?

AIR.

Non, voyez-vous, je n'y tiens pas :
Ce badinage enfin m'excede.
Le beau plaisir pour vous, hélas,
Quand il sera fou sans remede !

Le jour, la nuit, d'ici, delà,
C'est comme un démon qui l'obsede ;
Et moi, je suis ce démon-là.

Il m'aime avec tant de tendresse !
Et moi, je cause son tourment !

Devois-je, hélas, un seul moment,
Pour le surprendre, user d'adresse?

Non, voyez-vous, &c.

HAROUN

J'ai tort, allons, je me corrige ;
Et puisque le jeu vous afflige ,
Il va finir. Haffan fera défabufé.
Mais ce n'eft pas affez de m'avoir amufé ;
Et pour le rendre heureux , voici ce que j'exige.
S'il vous aime avec tant d'ardeur,
Rofe , obtenez de lui , fans trahir le myftere ,
Qu'il defcende pour vous du haut de fa grandeur.
A cet effort d'amour, s'il eft bien volontaire ,
Je cede ; & je confens qu'il jouiffe avec vous
D'un bonheur , dont je fuis moi-même un peu jaloux.

ROSE.

Ah! Seigneur!... mais s'il a pris du goût pour la gloire?...
Je ne fuis qu'une Efclave , hélas! je n'ofe croire ...

HAROUN.

Non, ce n'eft qu'à ce prix qu'il vous méritera.

ROSE.

Je vais donc la tenter cette grande victoire.

HAROUN.

Songez , en lui parlant , qu'on vous obfervera.

ROSE.

O ciel ! prenons courage. Il m'aime ; il fe rendra.

SCENE V.

HASSAN, *seul*, *en habit de Calife.*

J'AI beau me creuser la cervelle ;
Plus j'y pense, plus je m'y perds ;
Et chaque aventure nouvelle
Me remet la tête à l'envers. —
Je voudrois bien savoir quel démon, quel génie,
De me bercer ainsi peut avoir la manie.
Quel qu'il soit, désormais je l'attraperai bien :
Je jouirai de tout & ne croirai plus rien.

SCENE VI.

HASSAN, *les Femmes du serrail.*

HASSAN.

VENEZ, agréables chimeres,
Faites-moi faire encor des songes ravissants.
Mes illusions me sont cheres ;
Et mon ame se livre à l'erreur de mes sens.

(*Elles dansent.*)

Il me souvient pourtant qu'au milieu de mes femmes,
Je me suis endormi dans ce brillant séjour.

J'y reconnois toutes ces Dames ;
Mais je n'y revois point encor Rose d'amour.

SCENE VII.

HAROUN, MESSOUR, *femmes du serrail.*

MESSOUR.

COMMANDEUR des croyans, le malheureux Messour
Te demande la mort.

HASSAN.
Es-tu las de la vie ?

MESSOUR.

Hélas ! non. De mourir je ne sens nulle envie ;
Mais je suis indigne du jour.

HASSAN
Qu'as-tu donc fait de si terrible?

MESSOUR.

Ce que j'ai fait ! un crime horible.

HASSAN.

Parle. Tu me fais peur ; & je tremble à mon tour.

MESSOUR.

Hélas, Séigneur ! tandis que ta fidele cour
T'appelloit, te cherchoit, de toi seul occupée ;
Rose d'amour s'est échappée.

HASSAN, *à part.*

Vraiment, je le fais bien : elle a foupé chez moi. —
Quand s’eft-elle échappée ?

MESSOUR.

Au lever de l’aurore.

HASSAN.

Ce matin ?

MESSOUR.

Ce matin.

HASSAN.

Hélas ! je m’apperçoi
Que mon foible cerveau va fe brouiller encore.

MESSOUR.

Si mon maître envers moi daigne ufer de douceur,
Si fa haute clémence ordonne que je vive,
Je ferai ratraper l’Efclave fugitive ;
Je la ferai punir avec fon raviffeur.

HASSAN.

Non, doucement ; point de fupplice.

(*à part.*)

Qu’on me ramene Rofe, il fuffit. Dès demain
Je puis me retrouver Haffan ; & la Police,
En croyant me venger, mettroit fur moi la main.
(*à Meffour.*)
Sans rigueur & fans bruit, allez, qu’on m’obéiffe.

MESSOUR.

O grandeur ! ô clémence !

HASSAN.

Oui, je fuis fort humain.
(*Les femmes & Meffour fe retirent.*)

SCENE VIII.

HASSAN, *seul.*

AIR.

Viens, ma Rose, viens me rendre
Mon délire ou ma raison.
Hier encore, à la maison,
Tu fus si douce & si tendre !
Hélas ! est-ce un rêve, ou non ?
C'est toi qui vas me l'apprendre.

Viens, ma Rose, &c.

Depuis que tu m'es ravie,
Tout est pour moi sans appás.
Tout est trompeur dans la vie;
Mais notre amour ne l'est pas.

Viens, ma Rose, &c.

Hassan plein de sa tendresse,
Ne cherche plus s'il est Roi.
Il veut bien rêver sans cesse,
Pourvu qu'il rêve avec toi.

Viens, ma Rose, &c.

SCENE IX.

HASSAN, MESSOUR, ROSE,
ESCLAVES noirs.

MESSOUR.

LA voilà.

ROSE.

Vilains noirs, qui m'avez pourſuivie,
De m'obſéder ainſi voulez-vous bien ceſſer?

HASSAN, *aux Eſclaves.*
Il ſuffit. Avec elle on n'a qu'à me laiſſer.

SCENE X.

HASSAN, ROSE.

HASSAN.

ENFIN je te revois! j'en ai l'ame ravie.
A préſent, rien ne manque au bonheur de mon ſort,
Hé bien? tu vois ſi j'avois tort,
Et ſi je ſuis Calife?

ROSE

Oui, Seigneur, & ma vie
Eſt en vos mains. Mais déſormais
Mon cœur n'eſt plus à vous; & mon unique envie
Seroit de vous fuir pour jamais.

HASSAN.

Toi! me quitter! ah! ma fortune,
Ma gloire, ma grandeur me feroit importune,
Si tu ne voulois plus en jouir avec moi.
Non, le fidele Haſſan ne peut vivre ſans toi.

ROSE.

Quel que ſoit cet Haſſan, dont vous parlez ſans ceſſe,
C'eſt de vous ſeul, ingrat, que mon cœur fut épris.
Mais vous n'avez pour moi qu'un mépris qui me bleſſe.

HASSAN.

Moi, Roſe! ah! je t'adore. Eſt-ce-là du mépris?

ROSE.

Hier encor je vous vois, au milieu de vos femmes,
Leur lancer tour-à-tour les regards les plus doux;
Et moi, dans mon dépit jaloux,
Je ſuis la fable de ces Dames!
Je ne le ſerai plus. Tout eſt dit entre nous.

HASSAN.

Roſe, il eſt vrai, je le confeſſe,
De leurs jeux, un moment, j'ai paru m'amuſer.
Mais, crois moi, tout cela n'a rien qui m'intéreſſe.

ROSE.

Non, ne croyez pas m'abuſer.

A I R.

Votre humeur eſt ſi galante,
Votre Cour eſt ſi brillante,
Que la plus heureuſe amante

Vous

Vous poſſede à peine un jour.
Votre cœur facile & tendre
Ne fait à laquelle entendre.
Chacune a droit d'y prétendre ;
Chacune y regne à ſon tour.

HASSAN.

Ecoute, il eſt aiſé de nous délivrer d'elles.
Congédions-les à l'inſtant.

ROSE.

Oh ! non. Dans quinze jours vous en auriez autant,
Et peut-être encor de plus belles.

HASSAN.

Que veux-tu donc ?

ROSE.

Je veux un honnéte bourgeois,
Qui me traitera, je l'eſpere,
Avec l'indulgence d'un pere,
Et comme l'enfant de ſon choix.

HASSAN.

Un Haſſan, n'eſt-ce pas ?

ROSE.

Soit Haſſan qu'on le nomme,
Ou commeil vous plaira ; je veux qu'à ſes côtés
Il n'ait pas vingt jeunes beautés.
Je veux qu'il m'aime ſeule.

HASSAN.

Hé bien, je ſuis ton homme.
Car enfin tout ceci me vient, je ne fais d'où ;

F

Mais entre nous, chez moi, quand je ne suis pas fou,
Tu sais avec quelle tendresse . . . . .

(Il veut l'embrasser.)

ROSE.

Non, doucement, point de caresse.
Votre amour me fait trop d'honneur.
Un Calife jamais ne sera mon bonheur.

HASSAN.

Hé! mon enfant, tu vois comme le Sort s'amuse
A balotter son monde : il change quelque fois
Un bourgeois en Calife, un Calife en bourgeois.
Peut-être en ce moment que moi-même il m'abuse.
Ces honneurs sont si hazardeux !
Attends. Tout peut demain avoir changé de face.
Alors , j'irai chez moi me remettre à ma place ;
Et nous délogerons tous deux.

ROSE.

Hé bien , si vous m'aimez, délogeons tout-à-l'heure.

HASSAN.

Quoi! si-tôt !

ROSE.

Pourquoi non ? qui peut vous retenir ?

HASSAN.

Rose, j'ai fait des loix que je dois maintenir.
Le trône seroit vuide. Il faut que j'y demeure,
Pour remettre le sceptre a qui doit le tenir.

ROSE.

Vous voulez me tromper.

HASSAN.

Non Rose, ou que je meure ;
Mais veux-tu que j'abdique au moment du conseil ?
On m'attend. Faut-il que je mande
Que qui veut commander commande ?
Vit-on jamais rien de pareil ?

ROSE.

Allons, pour régler vos affaires,
Je vous accorde une heure.

HASSAN.

Une heure! ce n'est gueres!

ROSE.

La matinée.

HASSAN.

Et que dira
Ce bon peuple ?

ROSE.

Il s'affligera
De perdre un Calife qui l'aime ;
Mais il faut espérer qu'il se consolera.

HASSAN.

Je fuis à toi plus qu'à moi-même ;
Et qui fait comme un autre, après moi, régnera.

DUO.

Laisse-moi régner, j'en suis prié,
Tu n'en seras pas moins chérie,
Et j'en aurai plus de plaisir.

ROSE.

A quoi bon régner, je vous prie !
La gloire est une rêverie ;
L'amour seul est un vrai plaisir.

HASSAN.

Je t'aimerai toute ma vie.

ROSE.

Vous n'en auriez pas le loisir.

HASSAN.

Ma Rose !

ROSE.

Hé quoi ! d'un vain desir
Votre ame encor n'est pas guérie !
Quand on aime , on n'a qu'un plaisir.

HASSAN.

Laisse-moi régner, je t'en prie ;
C'est mon talent , c'est mon plaisir.

ROSE.

N'aimez que moi , je vous en prie ,
Laissez régner votre Visir.

HASSAN.

Laisse-moi suivre mon desir.
Tu n'en seras pas moins chérie ,
Et j'en aurai plus de plaisir.

ROSE.

Quand on aime on n'a qu'un desir.
La gloire est une rêverie ;
L'amour seul est un vrai plaisir.

HASSAN.

Hé bien donc, je m'en vais songer à ma retraite ,
Appeller mon conseil , & , puisque tu le veux ,
abdiquer.   (*Il pousse un gros soupir.*)

ROSE, *le contrefaisant.*

Abdiquer! l'effort est rigoureux.

HASSAN.

En quittant la grandeur , je sens qu'on la regrette.
Mais puisqu'il faut l'abandonner,
Au moins ne perdons pas la tête ;
Et prenons soin de nous donner
Quelque pension bien honnête.
(*Il appelle*)
Visir ! assemblez tous les grands.

ROSE.

Je respire.

HASSAN.

A tes vœux tu vois que je me rends.

SCENE XI.

HASSAN, ROSE, LE CONSEIL ET LA COUR.

HASSAN.

AVANT moi, vous aviez pour maître un homme juste,
Un grand homme. Je sens qu'il valoit mieux que moi.
S'il vit encor, je veux qu'il vous donne la loi.
Rendez-lui ce turban , fait pour sa tête auguste.
Je le dépose.

L'ASSEMBLÉE.

O ciel!

HASSAN.

Ne m'admirez pas tant :
Je fais tout cela pour Rosette ;
Et désormais je ne souhaite
Que de vivre avec elle obscur , libre & content.
Mais comme il est décent que je vive à mon aise ,
Je m'alloue , ne vous déplaise ,
Deux cents sequins par mois , & pour ma mere autant.

GIAFAR.

Et si le Prince que tu nommes ,
Du soin d'un autre empire est ailleurs occupé ?

HASSAN.

En ce cas , le meilleur des hommes
Me semble , ou je suis bien trompé ,
Un marchand de Moussoul avec qui j'ai soupé.

C H Œ U R.

Que ta volonté s'accomplisse,
Et que tout révere ton choix.

SCENE XII.

*Le pavillon du fond du Théâtre s'ouvre ; Haroun y paroît
dans toute sa gloire.*

HASSAN.

AH! c'est mon hôte que je vois !
C'est Coreb ! (*Il fait un mouvement pour l'aller embrasser.*)

GIAFAR, *l'arrêtant.*

C'est Haroun. Que ton rêve finisse.

HAROUN, *sur son Trône.*

Hassan, pour Souverain tu m'as élu deux fois.

HASSAN, *prosterné.*

Votre Esclave deux fois vous a rendu justice.
Et de tout l'Orient n'avez-vous pas la voix ?

HAROUN, *descendant du Trône.*

Et moi, je t'ai fait faire un songe assez pénible ;
Mais je te connois juste & digne d'être heureux.
Role est mieux que jolie : elle est bonne & sensible.
Sois fidele autant qu'amoureux ;
Je vous assure un sort paisible.
Qu'on celebre leur noce & leur félicité.
Hassan, tels sont les droits de l'hospitalité.

SCENE XI & *derniere.*

SABI, *& les précédens.*

SABI.

Ciel! où suis-je? Mon fils ! est-ce donc moi qui
rêve ?

HAROUN.

Non, bonne mére, non. Votre fils a rêvé ;
Mais le moment est arrivé
Où le songe finit , & c'est moi qui l'acheve.

CHŒUR.

Qu'il soit heureux , ce bon Hassan.
Le bien qu'il a doit lui suffire.
S'il n'a pas l'Empire Persan ,
Le cœur de Rose est son Empire :
Qu'il soit heureux, qu'il soit content ,
Plus grands que lui n'en ont pas tant.

SABI, *avec le Chœur.*

Qu'il soit heureux , mon cher Hassan , &c.

ROSE et HASSAN.

Le cœur de Rose est { votre / mon } Empire.

Soyez / Je suis } heureux, { Soyez / Je suis } content.

Plus grands que { vous / moi } n'en ont pas tant.

La noce termine le Spectacle.

F I N.

9 782019 137496